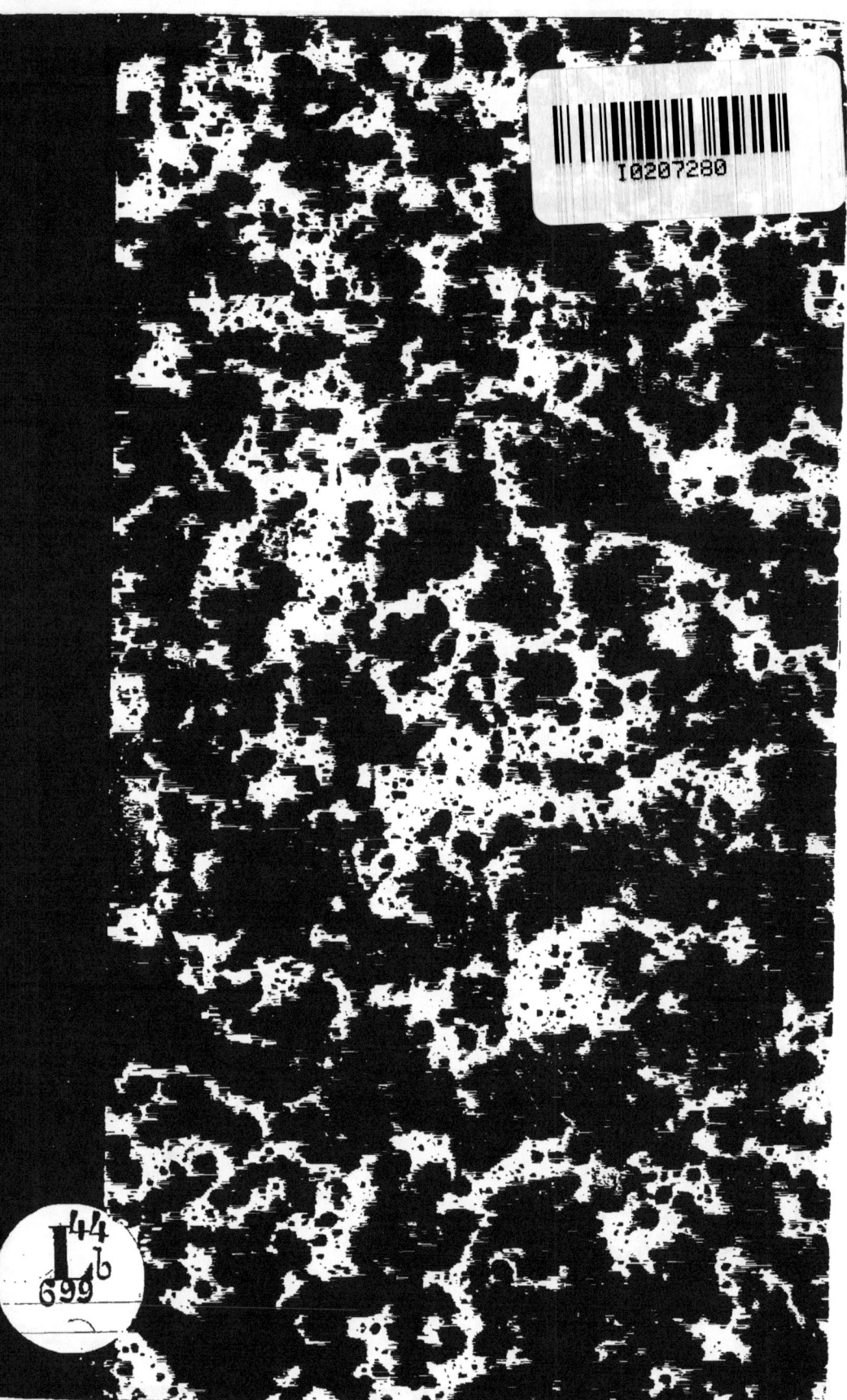

Lb 699 44

BUONAPARTE,

PAR

LORD BYRON.

SOUS PRESSE:

Le septième volume des OEUVRES COMPLÈTES DE LORD BYRON, (pour compléter la belle édition in-8º, ornée de vingt-sept vignettes, et composée de 6 volumes,)

CONTENANT LES NEUF CHANTS NOUVEAUX DE DON JUAN.

L'ILE ou CHRISTIAN ET SES COMPAGNONS,

Et autres Pièces inédites.

BUONAPARTE,

PAR

LORD BYRON.

DÉDIÉ

A M. CASIMIR DELAVIGNE.

A PARIS,

CHEZ LADVOCAT, LIBRAIRE,

ÉDITEUR DES OEUVRES COMPLÈTES DE SHAKESPEARE, SCHILLER, BYRON,
MILLEVOYE, ET DES CHEFS-D'OEUVRE DES THÉATRES ÉTRANGERS.

MDCCCXXIV.

AVANT-PROPOS.

Le fragment suivant, qui offre un objet piquant de comparaison avec la Messénienne de M. Delavigne et la Méditation de M. de la Martine, publiées sous le même titre, est extrait de la Satire *De l'Age de Bronze*. Ce morceau, tout décoloré qu'il est dans une version en prose, conservera, nous l'espérons, le mérite de plusieurs idées poétiques, auxquelles nuit peut-être, dans l'original même, le désordre habituel de toutes les brillantes improvisations de lord Byron. Ce défaut est moins sensible pour le lecteur que séduit la magie d'un rhythme varié : mais quoique l'auteur de cette traduction eût écrit peut-être avec la même rapidité en vers qu'en prose, il n'oserait jamais se fier à la facilité souvent malheureuse, pour donner l'équivalent de plus de trois cents vers d'un grand poète. Il se récuse surtout quand il pense que notre Parnasse moderne peut se glorifier de quelques noms dignes de figurer à côté de celui de lord Byron. On n'oubliera pas dans ce nombre le nom de M. A. Guiraud, dont l'*Ode* aux Grecs est belle comme son modèle.

A L'AUTEUR

DES MESSÉNIENNES,

EN LUI ADRESSANT

LA TRADUCTION SUIVANTE DE LORD BYRON.

L E fleuve de Babel vit les tribus captives,
Suspendant la cithare aux saules de ses rives,
Refuser un chant aux vainqueurs.
Lorsqu'au milieu de nous campait l'Europe entière,
Dans son deuil, ta muse plus fière

Osa lever la voix contre les oppresseurs.
La France t'avoua pour son digne interprète,
Et, posant de ses mains son laurier sur ta tête,
Consolée un moment, oublia ses douleurs.

Le barbare surpris de la voix qui l'accuse,
D'un regard incertain a cherché ses drapeaux;
Il s'apprête à punir l'audace de ta muse....
Mais lui-même entraîné par ces accords nouveaux,
    Muet, il t'écoute, il t'admire :
De Racine en tes mains il respecte la lyre.

    Mais quand tu vantais les exploits
Des braves défenseurs de la nouvelle France,
Tu n'aurais pas voulu dépouiller de leurs droits
    Nos anciens preux, dont la vaillance
Brillait dans les périls comme dans les tournois:
Leur bannière devient un signal d'espérance;
Deux fois proscrit, deux fois cet antique étendard
De son ombre a couvert notre France envahie.

Les soldats d'Austerlitz sont chers à la patrie ;
Mais elle aime toujours du Guesclin et Bayard *.
  D'Orléans la vierge immortelle
  Te doit les larmes qui pour elle
  Aujourd'hui coulent de nos yeux.
Belle comme elle était le jour de sa victoire,
Du bûcher je la vois s'élancer vers les cieux,
Et la flamme n'est plus qu'un reflet lumineux
  De l'auréole de sa gloire.

  Fidèle au malheur dans ses chants,
Des Hellènes ta muse invoqua le courage.
Quelque jour affranchis du joug de leurs tyrans,
Ils feront retentir l'écho de leur rivage
  De tes prophétiques accens.

  Pardonne, si ma voix timide
D'un poëte rival te répète les vers.

---

 * Soldats, le ciel prononce : il relève les lis :
 Adoptez les couleurs du héros de Bovines....
   (Première Messénienne.)

Il s'est dit comme toi l'ami des fils d'Alcide ;
Il s'est armé pour eux, il court briser leurs fers.
Imitant, comme toi, les hymnes de Tyrtée,
Il a fait un appel aux mânes des héros ;
  Et la Grèce ressuscitée
  Semble sortir de ses tombeaux.

Comme toi, d'un despote il a pesé la cendre...*
Ennemi généreux, il n'a pas craint de rendre
Au grand-homme captif un tribut mérité ;
Mais, sans être ébloui des rayons de sa gloire,
Il immole avec toi le fils de la Victoire
  Sur l'autel de la Liberté.

---

 * *Expende Annibalem ; quot libras in duce summo*
  Invenies ?   (JUVENAL.)

BUONAPARTE,

PAR

LORD BYRON.

I.

Notre âge a aussi ses grands noms. Le génie de Pitt étonnera encore les races futures, et son rival s'élevait comme un géant, même en sa présence. Mais où sont-ils — ces deux rivaux ? — Un sombre espace de quelques pieds sépare leurs cercueils. Qu'il est paisible et puissant le tombeau qui réduit tout au silence !... Flot calme et sans orages, qui submerge le monde. La poussière rendue à la poussière,—c'est un sujet rebattu ; mais tout n'a pas été dit encore.

Le tems n'en affaiblit pas les terreurs. — Le ver continue à dérouler ses anneaux glacés ; la tombe conserve le même aspect ; on la varie au dehors ; mais tout reste le même sous la nuit de ses voûtes ; l'urne peut briller aux regards ; les cendres ne reçoivent aucun éclat. Vainement la momie de Cléopâtre traverse la mer sur laquelle elle séduisit Antoine, et lui fit déserter l'empire.—Vainement l'urne d'Alexandre est montrée en spectacle sur les rivages inconnus qu'il pleurait de ne pas conquérir. — ..... Combien il y a de vanité dans le regret et les larmes de l'insensé Macédonien ! Il demandait en pleurant des mondes à conquérir. — La moitié de la terre ne connaît pas son nom, ou ne connaît de lui que sa mort, sa naissance et ses ravages ; tandis que la Grèce, sa patrie, a subi tous les maux de la conquête, ... et qu'il ne lui manque plus que le calme des pays dévastés. — « Il demandait en pleurant des mondes à conquérir ! » — lui qui ne comprit jamais le globe qu'il eût voulu soumettre

II.

Mais où est-il le conquérant moderne, cent fois

plus grand, et qui, sans être né roi, faisait traîner son char par des monarques; le nouveau Sésostris, dont les rois esclaves, affranchis de leur harnois et de leur frein, croyent avoir des ailes et dédaignent la poussière sur laquelle ils rampaient naguère, enchaînés au char triomphal de leur maître? Oui, où est-il, cet homme composé de tout ce qu'il y a de grandeur ou de petitesse, de génie ou d'extravagance, qui jouait à perdre ou à gagner des empires? Contemplez-en le grand résultat dans cette île solitaire; vous pouvez en gémir ou en sourire, selon la nature de vos idées. Gémissez de voir l'audace sublime de l'aigle réduite à mordre les barreaux d'une cage étroite. Souriez de voir l'oppresseur des peuples discutant chaque jour sur les rations qu'on lui dispute*; gémissez de le voir se plaindre tristement, pendant ses repas, des mets rognés par ses geôliers, et des vins dont on lui plaint la quantité; à ces petites querelles sur de petites choses,—reconnaît-on l'homme qui châtiait ou nourrissait les rois?

---

* Voyez O'Meara et le Mémorial de Las Cases sur ces détails vulgaires de la vie du héros.

Voyez dans quelle balance est pesée sa fortune; elle dépend des rapports d'un chirurgien et des harangues d'un comte. Le retard d'un buste, le refus d'un livre, peuvent troubler le sommeil de celui qui tenait l'univers dans des veilles continuelles. Est-ce bien là ce vainqueur des puissans de la terre, aujourd'hui victime de tout ce qui peut impatienter et irriter,— le lâche geôlier, l'espion curieux, et le voyageur empressé s'approchant avec son album? — Plongé dans un cachot, il eût encore été grand. — Qu'elle est basse, qu'elle est petite cette situation moyenne entre une prison et un palais, et où tout ce qui est si cruel pour lui eût été à peine sensible pour tout autre!—Vaines sont ses plaintes,—mylord présente son mémoire, sa nourriture et sa boisson lui ont toujours été exactement livrées; vaine a été sa maladie, — jamais climat ne fut si pur d'homicide, — en douter serait un crime; et le chirurgien opiniâtre qui défendit sa cause a perdu sa place* et obtenu les applaudissemens du monde.

Mais souriez, — quoique toutes les angoisses de

---

* On sait que le docteur O'Meara a été *remercié* par l'amirauté.

sa tête et de son cœur défient les secours tardifs de l'art; — quoique quelques amis fidèles, et le marbre représentant les traits de ce fils que son père n'embrassera jamais, restent seuls auprès de son lit; — quoiqu'elle soit devenue vacillante, cette intelligence qui long-tems frappa le monde de respect, et qui s'en fera long-tems encore respecter; — souriez, —car l'aigle enchaînée brise sa chaîne, et des mondes plus élevés que celui-ci redeviennent son domaine.

III.

Ah! si cette âme dans son essor entrevoit encore par ses souvenirs quelques clartés de son règne resplendissant, comme elle doit sourire en reconnaissant combien est peu de chose ce qu'IL était, et ce qu'IL ambitionnait d'être! Quoique son nom eût trouvé un monde plus vaste que le monde presque sans borne qu'avait recherché son ambition; quoique le premier des capitaines par la gloire et le plus accablé de revers, il eût goûté toutes les douceurs et les amertumes de la puissance; quoique les rois, joyeux de leur dernier affranchissement, veuillent dans leur alégresse se faire les singes de *leur* tyran;..... ah! comme il doit sourire en abaissant ses regards sur ce tombeau solitaire, la plus noble des limites qui arrêtent l'Océan! — Malgré son geôlier qui, rigoureux jusqu'à la fin, crut à peine le plomb du cercueil suffisant pour le retenir, et refusa une ligne sur le couvercle pour y graver la date de la vie et de la mort de celui qu'il renfermait, — son nom illustrera ce rivage naguère sans gloire; son nom, vrai talisman pour tous excepté pour celui qui le portait : les flottes poussées par les vents d'ouest entendront leurs mousses le saluer de la cime des mâts; quand la colonne française consacrée à la victoire ne s'élèvera plus, comme la colonne de Pompée, que sur une plage déserte, le rocher de l'île qui possède ou posséda la poussière de Napoléon, décorera l'Atlantique, comme le buste du héros, et la puissante nature fera plus pour son monument que ne lui refusa l'Envie avare. — Mais que lui importe? la volupté de la gloire peut-elle toucher son ame libre, ou sa poussière reléguée dans le cercueil? il s'inquiète peu de ce qui forme sa tombe, soit qu'il dorme d'un éternel sommeil, — soit qu'il survive immortel, — son ombre, du haut des sphères célestes, contemplera la caverne sauvage de l'île rocailleuse avec le même sourire que si sa cendre avait trouvé son dernier asile dans le Panthéon de Rome, ou dans le Panthéon des Gaules, vain simulacre de celui de la ville éternelle ; il n'en a nul besoin ; mais la France regrettera le refus de cette dernière consolation qui coûtait si peu à accorder. Son honneur et sa gloire réclament ses restes pour les placer sur le faite d'une pyramide de trônes, pour en faire son talisman, comme de la cendre de du Guesclin*, en les portant à l'avant-garde de ses armées ; — mais tôt ou tard viendra le tems où ce nom sera un signal d'alarmes, comme le tambour de Ziska**.

IV.

O ciel ! dont il fut une image par sa puissance ; ô terre dont il était une noble créature ! — Ile, dont

---

* Le gouverneur d'une ville assiégée ne voulut en rendre les clefs qu'au cercueil de ce héros-chevalier, bien digne aussi de son poète épique.
** Célèbre chef qui ordonna qu'on fit un tambour de sa peau.

la mémoire subsistera long-tems, toi qui vis naître l'aiglon; et vous, Alpes, qui l'avez contemplé dans son jeune essor, planant vainqueur de cent combats! Rome, qui vis les exploits de ton César surpassés par les siens! hélas! pourquoi lui aussi passa-t-il le Rubicon? le Rubicon des droits reconquis de l'homme, pour s'entourer de rois et de flatteurs! Égypte, qui vis dans tes sépulcres, dont la date est perdue, s'éveiller de leur long repos les Pharaons oubliés, qui s'agitèrent en entendant le tonnerre d'un nouveau Cambyse, pendant que les ombres de quarante siècles se levèrent, comme des géants, surpris sur les rives célèbres du Nil, ou des extrêmes sommets des pyramides contemplèrent le désert où deux armées, paraissant sorties des enfers, arrosaient de leur sang le sable inculte et aride! Espagne, qui, oubliant un moment le Cid, vis la bannière à trois couleurs insulter Madrid! — Autriche, qui vis ta capitale conquise deux fois, et deux fois épargnée, trahir le conquérant malheureux! Vous, race de Frédéric! — Frédérics de nom, mais qui n'avez pas hérité de sa renommée; vous, qui, terrassés à Iéna, rampans à Berlin, ne vous relevâtes que pour vous mettre à sa suite; — vous, qui habitez les lieux qu'habita Kosciusko, et qui vous rappelez votre dette sanglante envers Catherine! Pologne, sur qui a passé l'ange vengeur, mais dont il ne consola pas la solitude, oubliant tes droits négligés, ton peuple partagé comme un vil troupeau, ton nom effacé, tes soupirs pour l'indépendance, tes larmes intarissables, et ce nom qui blesse encore l'oreille du tyran : Kosciusko! — En avant, en avant, en avant; — tu as soif du sang des serfs et de leur czar; les minarets de Moscow à demi-barbare brillent aux rayons du soleil, mais d'un soleil qui s'éclipse! — Et toi, Moscow, limite de sa longue carrière de victoires, que le farouche Charles avait vu en essuyant la larme glacée que lui arrachait son espoir déçu! — Napoléon te vit aussi; — mais comment? avec tes tours et tes palais dévorés par l'incendie....... Pour l'allumer, le soldat avait prêté son salpêtre, le paysan, le chaume de sa cabane; le marchand lui avait livré ses trésors, le prince son palais, — et Moscow n'exista plus. O le plus sublime des volcans! la flamme de l'Etna et celle du mont brûlant d'Islande pâlissent devant la tienne. L'éclat de celle du Vésuve n'est plus qu'un vain et vulgaire spectacle pour le voyageur en extase : seul tu restes sans rivaux jusqu'au feu à venir dans lequel doivent finir tous les empires! Et toi, élément opposé, non moins terrible dans la leçon que tu as en vain donnée aux conquérans; toi dont l'aile de glace frappait l'ennemi affaibli, jusqu'à ce que chaque flocon de neige fît succomber un héros; toi dont l'invisible puissance anéantissait des bataillons expirant d'une seule et même angoisse! C'est en vain que la Seine cherchera sur ses rives ses milliers d'invincibles soldats si fiers de leur noble valeur; c'est en vain que la France rappellera sous ses berceaux de pampre sa joyeuse jeunesse; — le sang de ses bataillons coule à flots plus rapides que les flots de ses vendanges, ou reste stagnant dans leurs veines, et les champs du Nord sont couverts de cadavres glacés. C'est en vain que le beau soleil de l'Italie essaierait de réveiller ses fils engourdis; ses rayons sont désormais impuissans. De tous les trophées des batailles quel trophée reviendra? le char fracassé du conquérant! son cœur inébranlable encore! — Le cor de Roland résonne, et il est entendu! Lutzen, où la victoire abandonna le Suédois, voit

Napoléon vaincre, mais elle ne le voit pas mourir : Dresde voit trois despotes fuir encore devant leur maître, — leur maître comme auparavant; mais ici la fortune épuisée déserte, et la trahison de Leipsick fait céder les guerriers invaincus; le chacal de la Saxe abandonne le lion pour se faire le guide de l'ours, du loup et du renard, et reculant avec désespoir, le lion est poursuivi jusque dans son repaire.

O vous, vous tous! ô Français, qui trouvâtes vos belles plaines ravagées par un fer ennemi, mais disputées pied à pied, jusqu'à ce que la trahison, seul vainqueur du héros, triompha sur Paris des hauteurs de Montmartre! et toi, île à qui sourit l'Étrurie, retraite passagère de son orgueil, jusqu'à ce qu'il cédât aux sollicitations du danger qu'il avait toujours aimé; ô France! qu'il reconquit par une seule marche qui eut lieu sous un long arc triomphal! ô sanglant et inutile Waterloo! qui nous prouve que l'imbécillité peut vaincre aussi, quand une erreur la favorise et que la trahison combat avec elle! ô monotone Sainte-Hélène avec ton geôlier! — * Écoutez,

---

* Voyez le Prométhée d'Eschyle, et surtout la dissertation, digne du sujet, que cette tragédie a inspirée à M. Andrieux.

écoutez ! — Prométhée, du haut de son rocher, en appelle à la terre, à l'air, à l'Océan, à tout ce qui éprouva ou éprouve encore l'influence de son pouvoir et de sa gloire, — à tous ceux qui peuvent entendre son nom éternel comme le retour de chaque année. Il leur répète cet avis si souvent donné déjà, et toujours si vainement : « Apprenez à ne pas commettre l'injustice. » Un seul pas dans le sentier du bien eût fait de cet homme le Washington de l'Europe trahie ; un seul pas dans le sentier du mal a rendu sa renommée douteuse ; il n'a été que le roseau de la fortune et la verge des rois, le démon de la gloire, lui qui aurait pu être un demi-dieu ;—le César de son pays, et l'Annibal de l'Europe, mais sans être tombé avec la dignité de ces deux héros. La vanité elle-même cependant aurait dû mieux inspirer son ambition de renommée, en lui montrant, dans les inutiles registres de l'histoire, mille conquérans pour un seul sage; tandis que Franklin, de mémoire paisible, s'élève aux cieux, y calmant la foudre qu'il leur avait ravie, ou protégeant le repos et la liberté de la patrie, orgueilleuse d'avoir été son berceau ;— tandis que Washington laisse un nom sacré qu'on répétera tant que l'air conservera un écho ; — tandis que l'Espagnol, à la fois avide et belliqueux, oublie Pizarre pour proclamer Bolivar! Hélas! faut-il que cette même mer Atlantique, rempart de la liberté, entoure le tombeau d'un tyran, — roi des rois, il est vrai, mais tombé entre un trône et une prison, et l'esclave de ses esclaves qui violent les droits de l'Europe, comme les siens, et lui forgent de nouvelles chaînes !

FIN.

PARIS,

IMPRIMERIE ET FONDERIE DE J. PINARD,

RUE D'ANJOU-DAUPHINE, N°. 8.